In einer Stunde einen eigenen 2D Trickfilm erstellen

Evi Sander

ISBN: **979-8636907886**

Kontakt: **dermaerchenraum@web.de**

Falls du fragen hast oder deine Ideen, deine Kreative Arbeit teilen willst kannst

du mir gerne schreiben. Ich wünsche dir viel Spaß dabei.

In 1 Stunde 2D ANIMATION erstellen

(c) Evi Sander

VORWORT

*I*ch habe dieses Buch für Kinder, Eltern und für alle die selber zu Hause Zeichentrickfilm machen wollen, oder mit dem Gedanken spielen, oder nur wissen möchten wie ein 2D Trickfilm Animation funktioniert, geschrieben.

Da es speziell für Kinder ab **8** Jahren ist, habe ich versucht die Anleitung, so einfach wie möglich mit vielen Bildern darzustellen.

Es zeigt lediglich den Weg und die Basis Technik der 2D, Frame by Frame Animation. Das bedeutet Einzelbildanimation, genau wie ein Daumenkino, nur das du es auf mit einem Computerprogramm erstellst.

Die andere 2D Trickfilm **A**nimation basiert auf Bones, das bedeutet auf Englisch „Knochen".
Diese Methode nennt man Bones-Animation oder Rigging (Skelett) Animation. Die Bones Animation wird meistens in der 3D aber auch in der 2D Animation verwendet.

Bei dem Prozess handelt es sich um eine Art bei dem zwei Ebenen gefertigt werden.

> > >

VORWORT

Einmal werden die Knochen, an den beweglichen Stellen, wie Knie, Ellbogen, Hals und andere Knochen konstruiert und dann wird die Figur, und das ist die zweite Ebene, an die fertige angebracht. Auf diese

Methode werde ich ein anderes Mal eingehen. Heute bleiben wir bei der Frame by Frame Animation. Wie du merkst benutze ich immer die englischen Begriffe der Wörter. Denn egal ob

wo du auf der Welt in der **B**ranche arbeiten, oder nach Ideen suchst, es werden immer die englischen Begriffe benutzt. Alleine die

Suche nach Inspirationen und **I**deen im Internet, brauchst du die internationalen

Begriffe um fündig zu werden.

> > >

VORWORT

SOFTWARE

 KRITA

Als Software habe ich das Programm KRITA gewählt.
Krita ist ein sehr einfach gebautes aber mächtiges Mal und Zeichenprogramm mit

denen man Kunstwerke, **C**omics, Mangas erstellen und diese auch animieren kann. Es ist kompatibel mit Photoshop und unterstützt nicht nur digitale Farbräume RGB, sondern auch druckbare CMYK

Farbräume.

> > >

VORWORT

Wenn du alle Schritte in dem das Buch durchgegangen bist und das Prinzip verstanden hast, kannst du sogar in einer Stunde deinen eigenen Trickfilm Animation erstellen.

Hier in dem Buch zeige ich dir, wie man Trickfilm Animation ohne Grafiktablett erstellen kann. Falls du möchtest kannst du dir (z.B. von XP-PEN ab 30 € auf Amazon) ein Grafiktablett kaufen und Krita lässt sich wunderbar

auch mit **G**rafiktablett arbeiten. Was ich dir, wenn du dich dafür Interessierst, ans Herz legen würde.

Du möchtest z.B. einen YouTube Kanal aufmachen. Trickfilm mit deiner Figur,

oder ein **W**issensfilm mit Animation oder was auch immer: dieses Buch wird

dir zeigen wie du deine eigene **T**rickfilm Animation erstellen kannst. Du müsstest darüber hinaus erstmal eine

Gute Idee haben.

> > >

VORWORT

EINE GUTE IDEE

Zu der Idee, ein Drehbuch schreiben (ein Paar Sätze genügen auch) Daraus ein Storyboard erstellen. Deine Figuren zeichnen. (Ein Monster mit rechteckigem Kopf und zwei Runden Augen können auch großartige Figuren sein) Die Kulisse dir überlegen und zeichnen

(Sonne, Haus, **B**aum). Dann einzelne Ebenen für die jeweiligen Figuren erstellen. Zum Schluss vielleicht deine Stimme dieser Figur geben. Wenn du denkst es ist soweit, kannst du einen Schritt weitergehen und dir ein

gutes **M**ikrofon kaufen. Mit Hilfe von kostenlosen Audio Programm: Audacity deine Stimme aufnehmen. Aber: Krita alleine macht diese Schritte auch. Also fange an und schreibe alle deine Ideen, was du machen möchtest auf. Und wenn es nicht so funktioniert wie du es dir wünschst: Du hast es versucht.

1.Krita Herunterladen

krita.org
Menu-> Herunterladen

1.Krita Installieren

Betriebssystem auswählen.
Auf Betriebssystem
(Windows Installer) klicken.

Unten links auf dem Bildschirm
siehst du das heruntergeladene
.exe Datei. Klicke auf behalten.

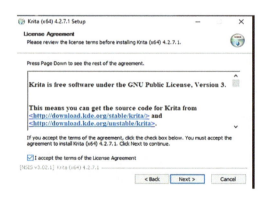

auf **Next** klicken

1.Krita Installieren

Klicke auf " I Agree"

Klicke auf "Install"

Klicke auf "Next"

Jetzt hast du es geschafft!
Klicke auf "Finish"

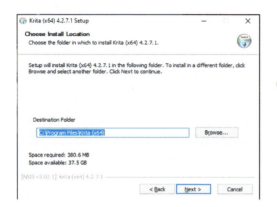

(So legst du den Speicherort fest.)

auf **Next** klicken

Die Lizenzsvereinbarung
akzeptieren.

" I Agree " , klicken.

Bestätige die Installation.

" Install " , klicken.

- Krita installieren:

- Auf **https://krita.org/en/download/krita-desktop/** gehen.
- Die benötigte Version und Betriebssystem herunterladen. (Windows /Mac/Linux)
- Auf die heruntergeladene .exe Datei klicken.
- Nach dem du deine Animation wie in dem folgenden Beispiel machen wirst, muss du damit die Animation in eine Video datei konvertieren.
- Dazu brauchst du den kostenlosen Programm ffmpeg **https://ffmpeg.org/download.html** damit du deine Animation in eine Videodatei umwandeln kannst.
- Wenn du wie bei dem Punkt 13 auf den Vorgang „Animation rendern angekommen bist, muss auf den FFmpeg die Quelldatei der Ordner angegeben werden wo der ffmpeg datei heruntergeladen ist.

auf diesen Ordner Button klicken um in die ffmpeg.exe Datei zu kommen.

In einer Stunde einen eigenen 2D Trickfilm erstellen

KRITA

Krita ist ein freies Mal und auf Daumenkino basiertes 2D Animationsprogramm.

Hallo, ich heiße Melli und ich zeige dir wie du dein erstes 2D Animationstrickfilm erstellen kannst.

Mit Krita lernst du auch wie du 2D Programme bedienen kannst da sie alle gleich/sehr ähnlich aufgebaut sind.

Grundkurs

Du klickst

hier   oder   hier

und
öffnest eine
Neue Datei.

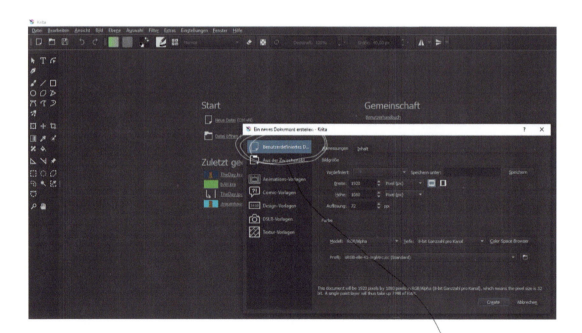

Anschließend drückst du auf den,
schon in blau markierten Feld
"Benutzerdefiniertes Datei"
und klickst auf Enter.

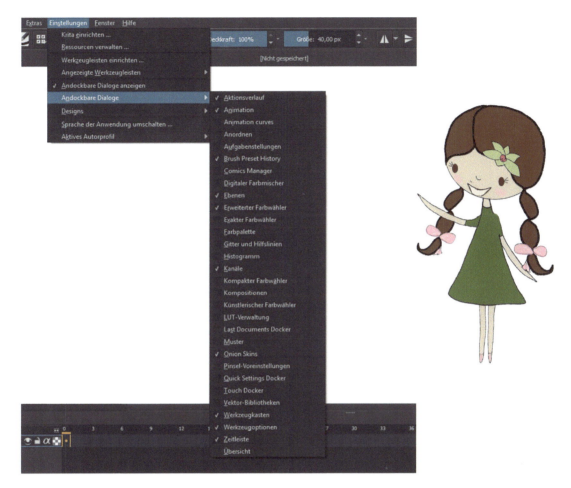

Nun musst du in den unter dem Symbol
"Einstellungen"↵
"Andockbare Dialoge"↵
anklicken und
beim folgenden Kästchen,die du auf dem Bild oben
sehen kannst,mit einem klick ein Haken setzen.
Das machst du damit du alle Nötigen Befehle für
deine Animation auf dem Bildschirm hast.

So muss dein Bildschirm aussehen.

Nun klickst du auf das

Zeichen und fügst eine neue Ebene hinzu.

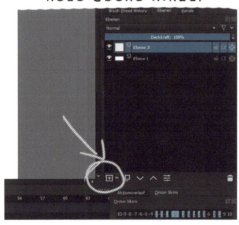

Anschließend klickst du, mit der rechten Maustaste in Animationsfenster auf das markierte Punkt unter der Zahl Null (0) und öffnest eine Neue Frame

"Create a Blank Frame"

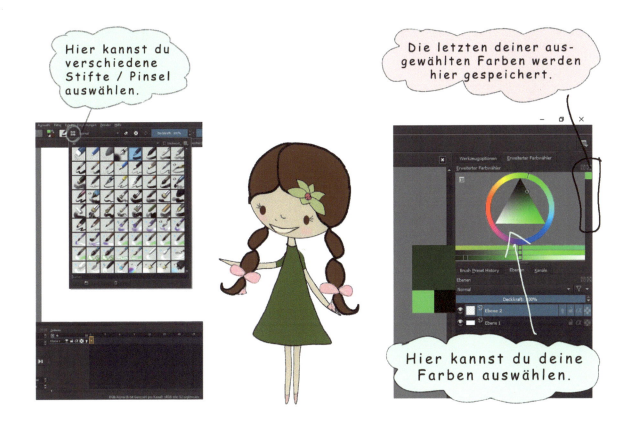

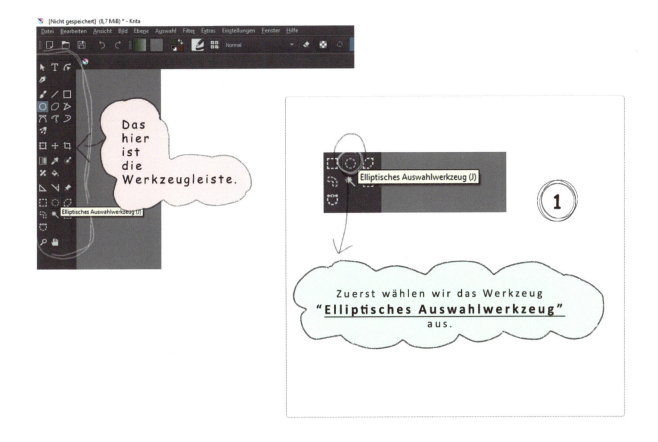

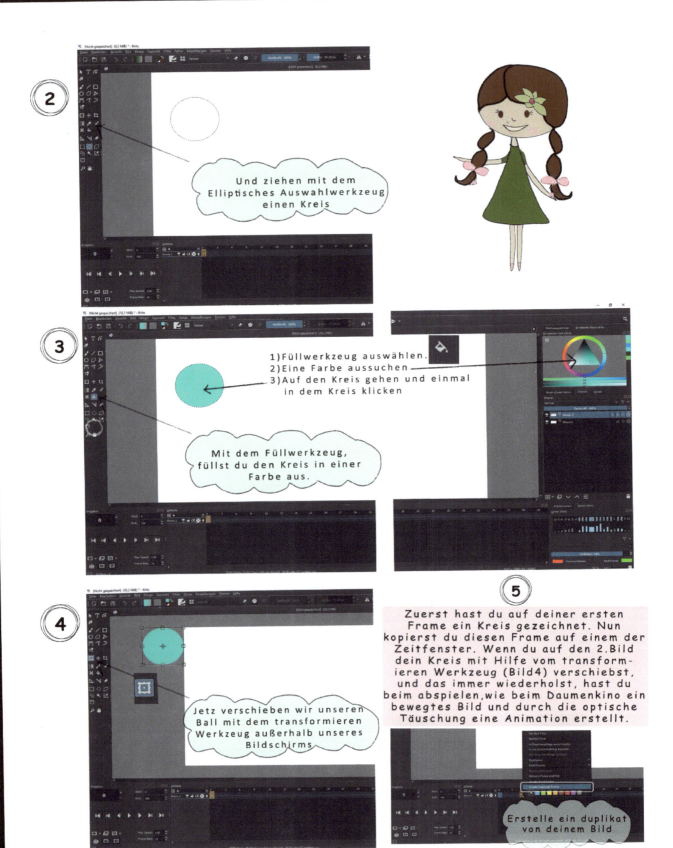

2 Und ziehen mit dem Elliptisches Auswahlwerkzeug einen Kreis

3
1) Füllwerkzeug auswählen.
2) Eine Farbe aussuchen
3) Auf den Kreis gehen und einmal in dem Kreis klicken

Mit dem Füllwerkzeug, füllst du den Kreis in einer Farbe aus.

4 Jetzt verschieben wir unseren Ball mit dem transformieren Werkzeug außerhalb unseres Bildschirms

5 Zuerst hast du auf deiner ersten Frame ein Kreis gezeichnet. Nun kopierst du diesen Frame auf einem der Zeitfenster. Wenn du auf den 2.Bild dein Kreis mit Hilfe vom transformieren Werkzeug (Bild4) verschiebst, und das immer wiederholst, hast du beim abspielen,wie beim Daumenkino ein bewegtes Bild und durch die optische Täuschung eine Animation erstellt.

Erstelle ein duplikat von deinem Bild

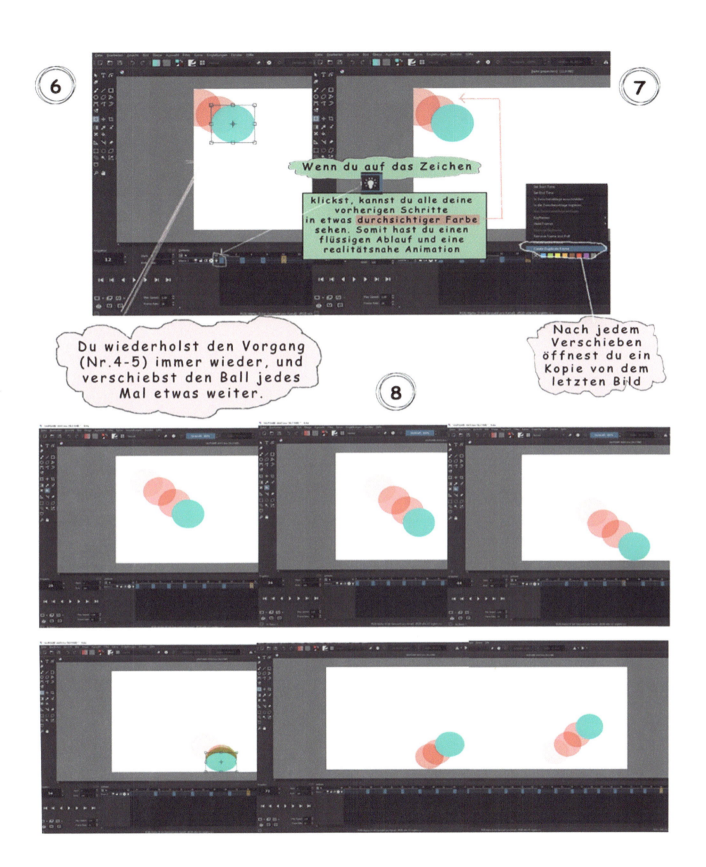

⑥ **⑦**

Wenn du auf das Zeichen

klickst, kannst du alle deine vorherigen Schritte in etwas durchsichtiger Farbe sehen. Somit hast du einen flüssigen Ablauf und eine realitätsnahe Animation

Du wiederholst den Vorgang (Nr.4-5) immer wieder, und verschiebst den Ball jedes Mal etwas weiter.

Nach jedem Verschieben öffnest du ein Kopie von dem letzten Bild

⑧

Und in deinem letzten Frame, verschiebst du deinen Ball aus dem Bildschirm heraus.

Du bist in Frame 106 angekommen!

Deine Frame endet aber bei 100. Du kannst aber hier deine Framezahl erhöhen

deine Animation hat 24 Bilder pro Sekunde!

Wenn du möchtest kannst du deiner Animation einen farbigen Hintergrund hinzufügen.

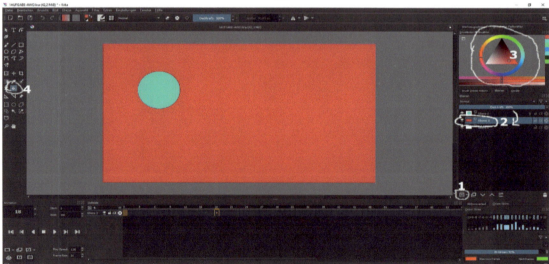

1) Zuerst muss du eine neue Ebene hinzufügen (S.5). Und auf das + Zeichen klicken.
2) Dann siehst du hier im Ebenen Fenster das sich eine geöffnet hat (Ebene3) Zuerst muss du die rechte Maus Taste gedrückt halten und die Neue Ebene unter der Ebene verschieben wo dein Ball/Zeichnung ist.
3) Dann suchst du dir eine Hintergrundfarbe aus.

4) Mit dem Füllwerkzeug [Symbol] auf die weisse Fläche gehen und darauf klicken.

11

Fast geschafft!
Deine erste Animation braucht
nur wenige Schritte für die
Aufführung.
Du gehst: Links oben auf
Datei ↵
Speichern unter ↵
(und wählst den Ort aus wo
deine Animations Datei gespeichert
werden soll.
(Oder du erstellst einen Neuen
Ordner mit dem Namen -
ANiMATION) So hast du alle deine
Arbeiten im Überblick

12

14

*geschafft!
Glückwunsch ;)*

Nach dem du deine Datei gespeichert hast, gehst du auf
Animation rendern

13

Als Video rendern

Deine Frame endet bei 106
(siehe Nr.9) darum schreiben
wir beim Last Frame die Zahl
107.

Speicherort festlegen

format mp4 wählen

Du kannst jetzt einfacher deine Ideen umsetzen in
dem du anstatt den Ball eine eigene Figur erstellst
und dem mit Frame by Frame zum Leben erweckst.

Du kannst coole Figuren zeichnen
und Sie Bild für Bild animieren.

Deine Ideen

Die Hauptfigur(en)   Nebenfiguren

**Versuche auf den folgenden Seiten deine
Ideen zu notieren und
die Figuren zu skizzieren.**

Erstelle danach einen Storyboard

**Ein Storyboard ist eine zeichnerische Version
eines Drehbuchs / einer Idee.**

Zeichne die Schlüsselszenen in deiner Storyboard

Anfang	Mitte
Höhepunkt	Ende